L'HOTEL DE RAMBOUILLET

ET

VOITURE

L'HOTEL DE RAMBOUILLET

ET

VOITURE

Lecture faite à la Séance publique de l'Académie d'Amiens
le 24 Décembre 1882

PAR

M. A. DEBAUGE

DIRECTEUR

M DCCC  LXXXIII

AMIENS

IMPRIMERIE DE T. JEUNET

RUE DES CAPUCINS, 45

L'HOTEL DE RAMBOUILLET

ET

VOITURE

Mesdames, Messieurs,

Savoir être modeste à propos est une grande qualité, mais rare ; et le discours, que la tradition m'impose le périlleux honneur de prononcer aujourd'hui devant vous, en est une nouvelle preuve.

La faute remonte loin, à près d'un an.

Il s'agit du renouvellement de notre bureau, de

trop bons amis viennent vous trouver : « Nous « pensons à vous, nous voulons vous proposer comme « Directeur pour l'année qui vient; laissez-vous « faire, acceptez, la chose est si facile ! » — On se fait prier juste ce qu'il faut pour n'avoir pas l'air de céder trop vite, et, d'autant plus flatté qu'on avait moins de titres à un tel honneur, on dit un non qui est presque un oui ; les amis vous comprennent, vous poussent, la bienveillance des collègues fait le reste ; et, faute d'avoir su sagement résister au bon moment, vous êtes nommé Directeur.

Que la chose est en effet facile tout d'abord ! Quelle présidence agréable que celle de nos réunions ! Quel calme dans les discussions ! Quel esprit de large tolérance et de parfaite courtoisie entre collègues qui ont au dehors des opinions diverses, mais qui, une fois dans la salle de nos séances, ne songent qu'aux pacifiques travaux embrassés par le cercle étendu de nos études.

Entouré de l'indulgence de tous, de la fidèle amitié de plusieurs, les jours s'écoulent, quelques uns bien cruels, et où cette sympathie qui vous soutient vous est d'autant plus précieuse.

Mais les mois s'ajoutent aux mois ; la fin d'un

mandat qui ne dure qu'un an, arrive bien vite et, avec elle, le *discours annuel*.

Pour beaucoup, ce discours est une tâche facile à composer, une lecture agréable à entendre. Vous nous l'avez prouvé ces dernières années.

Pour d'autres, pour un surtout que je connais mieux que personne, c'est une redoutable épreuve.

Lorsque l'orateur se méfie de son éloquence, il faut qu'il ait grand soin de chercher un sujet qui intéresse par lui-même, indépendamment de la manière dont il est traité.

Il m'a semblé, Mesdames et Messieurs, qu'une courte notice sur un de nos plus aimables picards des temps passés pourrait me rendre ce service; et vous partagerez sans doute cet avis lorsque je vous aurai dit que c'est de *Voiture* que je vous demande la permission de vous entretenir.

Le nom de Voiture évoque immédiatement le souvenir de l'hôtel de Rambouillet et de cette pléiade de beaux esprits qui furent l'ornement de la première moitié du xviie siècle.

Il est impossible de comprendre, de justifier l'engouement qu'excita notre compatriote, sans étudier le théâtre de ses succès et sans jeter un coup d'œil sur ce qu'était alors la Société Française.

De nombreux écrivains ont fouillé cette période si mouvementée de notre histoire.

Quelques-uns, la jugeant un peu trop, il nous semble, d'après les mœurs et l'idéal littéraires d'aujourd'hui, se sont montrés bien sévères pour les écrivains de cette époque.

D'autres nous paraissent avoir mieux compris les services rendus par l'hôtel de Rambouillet et ses fidèles ; ils ont su apprécier quel était alors l'état des lettres et quels avaient été les progrès réalisés sous cette influence.

Parmi ces derniers, il en est un qui a tracé d'une plume élégante et digne d'un tel sujet le tableau de cette brillante période.

C'est un des maîtres de la philosophie moderne, le Chef de l'Ecole Spiritualiste, M. Victor Cousin, que ses travaux sur Port-Royal avaient conduit à étudier d'assez près certaines physionomies caractéristiques de la Fronde, et qui s'est bientôt passionné pour quelques-unes de ses héroïnes.

Entre toutes, Mademoiselle Anne Geneviève de Bourbon, la sœur du Grand Condé, qui fut la Duchesse de Longueville, a su l'intéresser. Il la suit dès son enfance avec une sollicitude presque paternelle, il se préoccupe de ses débuts dans le monde et il la voit présenter à l'hôtel de Rambouillet.

Quelle était à cette époque la Société Française? à quels besoins, à quelles aspirations répondait l'hôtel de Rambouillet? dans quel milieu allait se trouver la jeune princesse ? quels enseignements, quelles vertus, quelles perfections nouvelles pourrait-elle y puiser ?

C'est ce que se demande M. Cousin, et c'est surtout à son appréciation que nous allons nous en rapporter.

La société des premières années du xviie siècle était assez grossière de ton, de manière, de langage, et même de mœurs.

Elle se ressentait de la barbarie des guerres civiles, car c'était dans les camps qu'elle avait fait son éducation. Mais elle en avait conservé, auprès d'une certaine rudesse, une aspiration instinctive vers ce qui était grand.

La Grandeur était en quelque sorte dans l'air au commencement du xviie siècle. La politique du gouvernement était grande et de grands hommes naissaient en foule pour l'accomplir dans les conseils et sur les champs de bataille.

La Force abondait, la Grâce était absente. Dans

cette vigueur excessive on ignorait ce que c'était que le bon goût.

La Politesse était nécessaire pour conduire le siècle à la perfection ; l'hôtel de Rambouillet en tint particulièrement école.

Ce n'était pas d'ailleurs le seul salon où se réunît alors la bonne compagnie. La Marquise de Rambouillet n'a pas créé, elle n'a fait que suivre l'heureuse révolution qui faisait succéder en France, aux agitations et aux licences de la guerre civile, le goût des choses de l'esprit, des plaisirs délicats et des occupations élégantes.

Mais il est juste de dire que, en 1620, dès qu'elle eut ouvert ses salons, (comme nous dirions aujourd'hui), les gens de lettres, désertant tout autre lieu de réunion, accoururent en foule pour lui former « cette cour choisie, nombreuse, sans confusion, » sur laquelle elle régna pendant plus de quarante ans.

Et cela se comprend sans peine au portrait que ses contemporains nous ont laissé d'elle. Catherine de Vivonne, marquise de Rambouillet, était presque italienne. Fille du Marquis de Pisani, un des diplomates les plus éminents de la fin du XVIe siècle, elle était née à Rome, et avait pour mère une grande dame romaine.

Son mari était un fort grand seigneur et il avait été ambassadeur extraordinaire en Espagne. — Ils étaient retirés des affaires publiques depuis quelque temps ; et, avec une fortune considérable, un bel hôtel à Paris, rue Saint-Thomas du Louvre, une magnifique résidence à la campagne, indépendants, ne recherchant ni place ni honneurs, ils ne faisaient ombrage à personne et attiraient tout le monde.

De plus, fait rare à cette époque, la Marquise avait été très belle sans avoir jamais eu d'intrigues, moyen certain de retenir beaucoup d'amis auprès d'elle. Enfin, elle aimait passionnément les gens d'esprit, sans aucune prétention personnelle; et l'on sait de reste, que la seule manière de trouver grâce auprès de bien des gens d'esprit, c'est d'abord de savoir les faire parler, science généralement facile, et c'est surtout de ne pas chercher à briller auprès d'eux.

Aussi Madame de Rambouillet a-t-elle inspiré une admiration unanime à tous ceux ceux qui l'ont connue.

« Elle a toujours aimé les belles choses. — Il n'y
« a personne au monde de moins intéressé. —
« Donner, pour elle, est un plaisir de Dieu. — Il

« n'y a pas un esprit plus droit. — Il n'y a pas
« une meilleure amie. »

Quel est l'auteur de ces lignes enthousiastes ? Tallemant des Réaux ! — c'est tout dire en faveur de l'original d'un tel portrait. — Car il fallait bien que la Marquise fût au-dessus de toute critique pour être ainsi traitée par la plume qui a laissé si peu de réputations intactes dans ce monde si charmant, mais si léger.

Une toute petite ombre au tableau, relevée par ce panégyriste inattendu : « une délicatesse exces-
« sive dans le langage. Il y avait des mots qui lui
« faisaient peur et qui ne pouvaient trouver grâce
« auprès d'elle. »

Quoi ! déjà une pointe de préciosité dans celle qui créait l'école du bon ton et du beau langage, qui mettait ses amis au *supplice de la simplicité !* comme s'en plaignait ce bon abbé Godeau — lequel, entre parenthèses, rencontra un évêché dans le salon bleu de la rue Saint-Thomas du Louvre ! ce qui prouve que, bien avant ceux du « Monde où l'on s'ennuie, » les salons ne faisaient pas tort à l'avancement. —

Que deviendra cette « délicatesse excessive de langage, » quand le bon ton de l'hôtel de Rambouillet aura été copié, travesti, dénaturé, en descendant de salons en salons, jusqu'au fond de la province ?

Ce qu'elle deviendra, vous l'avez tous deviné et dit avant moi. Un jour, le grand maître en fait de naturel et de vérité lui déclarera cette guerre impitoyable par laquelle il a débuté ; car les *Précieuses Ridicules*, jouées pour la première fois à Paris le 18 Novembre 1659, sont sa première pièce.

Mais, parce que les copies, comme la plupart des copies, étaient arrivées en 1660 à dénaturer l'original au point d'en faire une contrefaçon ridicule et risible, faut-il en conclure que, en 1620, l'hôtel de Rambouillet n'a pas exercé une heureuse influence sur le goût, le langage, les mœurs de cette époque ?

Condamner un portrait sur sa caricature serait chose déloyale ; et, tout en applaudissant à la verve de Molière, il est permis d'affirmer que l'hôtel de Rambouillet a bien mérité des lettres françaises.

Sans doute, Racan, Malherbe, Balzac, ne sont pas des produits de ce salon, que quelques critiques comparent à une serre chaude nécessaire à l'éclosion d'une fausse littérature et d'un faux goût, mais tous trois y ont passé; tous trois y ont été appréciés et applaudis.

Faut-il rappeler que Malherbe l'a emporté sur Racan le jour où les amis de la maison se sont ingéniés à modifier le petit nom de Madame de Rambouillet, *Catherine*, nom réellement trop vulgaire pour une si éminente personne. Racan proposait *Carinthie*, Malherbe fit triompher *Arthénice;* puis, peu après, comme ayant eu assez de ce dernier succès, il se retira. Son bon sens un peu rude, un fonds de grossièreté cynique qu'il ne dépouilla jamais complètement, n'étaient pas faits pour plaire à ces honnêtes gens qui se piquaient avant tout de distinction et d'*Urbanité*.

Urbanité! mais ce mot, qui indique si naturellement pour nous la nature des relations entre gens de bonne compagnie, *Urbanité* fut créé par Balzac, resté, lui, jusqu'à sa mort, un des astres les plus brillants de l'hôtel, où, suivant la manie du lieu, il était désigné sous le nom de *Bélisandre*.

Balzac ne trouvera-t-il pas grâce devant les détracteurs des beaux esprits du salon d'Arthénice? et les belles lettres qu'il écrivait à la Marquise sur les Romains, sans parler d'autres œuvres, n'attestent-elles pas qu'on y traitait dignement les plus hautes matières de l'Histoire et de la Politique?

Corneille lui-même parut en 1640 à l'hôtel, à la suite de son mariage avec Mlle de Lampérière. Malgré ce que son abord avait de peu aimable et le négligé ordinaire de sa tenue, il fut accueilli avec la plus grande faveur par ceux qui des premiers avaient admiré le *Cid* et l'avaient soutenu contre ses détracteurs; et le grand poëte ne dédaigna pas de contribuer par quelques vers à la célèbre guirlande de Julie.

Balzac pour la prose, Malherbe pour la poésie, avaient jeté les fondements d'une langue nouvelle, tout en conservant un peu de cette verdeur originale qui est une des caractéristiques de l'esprit français. Nous ne nous faisons pas faute de reconnaître que leur œuvre eût existé sans l'hôtel de Rambouillet : mais combien de temps la langue renouvelée, ou pour mieux dire créée par eux, eût-elle mis à s'infiltrer dans toutes les couches de la nation !

C'est à l'hôtel de Rambouillet qu'il faut attribuer l'impulsion aussi soudaine qu'étendue, donnée alors à la recherche de la forme dans le langage écrit ou parlé. Les progrès rapides, la transformation presque instantanée du style, dans la première moitié du xvii ͤ siècle, viennent en majeure partie de ce salon sur lequel les plus petites coteries littéraires de Paris et de la province s'efforçaient de prendre *modèle :* car il n'y a rien de plus puissant, de plus tyrannique parfois que la mode, pour imposer ses caprices; et la mode fut alors, pour les femmes, d'avoir un *salon* et d'y tenir assaut de belle conversation.

Rien ne pouvait amener plus rapidement la diffusion de la langue nouvelle.

Puis, cette effervescence littéraire, cette émulation entre les femmes, amèneront forcément le goût de l'étude; et pour bien comprendre quel pas immense devait être franchi, il faut se rendre compte de ce qu'était alors l'éducation des femmes.

Un récent travail, d'une haute valeur, dû à la plume autorisée de M. Gréard, de l'Institut, nous en fait un triste tableau auquel nous empruntons quelques traits.

Jamais le couvent n'a été plus en honneur qu'au xvii ͤ siècle; et si l'on veut savoir ce qu'était l'éducation dans l'idéal conçu pour un des plus célèbres d'entre eux, celui de Port-Royal, il suffit d'ouvrir le règlement de Sœur Sainte-Euphémie : Jacqueline Pascal, la sœur de l'immortel auteur des *Pensées* : règlement qui porte la date de 1657.

« Les enfants doivent observer le silence ou parler bas du lever au coucher, ne marchant jamais qu'entre deux religieuses, pour empêcher qu'elles n'aient entre elles quelque communication, travaillant de façon à n'être jamais réunies deux ou trois ensemble, n'apprenant, en dehors du catéchisme, que la lecture, l'écriture, et, le dimanche, un peu d'arithmétique : les grandes, d'une heure jusqu'à deux, les petites de deux heures à deux heures et demie. »

Quelle part était faite à l'instruction dans ce règlement pour les enfants de Port-Royal? Certes, il est heureusement peu d'hommes qui repoussent pour leurs enfants toute idée de religion ; et il faut espérer que, de longtemps encore, le développement de sentiments religieux éclairés entrera pour une grande part dans l'éducation des jeunes filles : mais on doit reconnaître que la règle de Jacqueline Pascal était singulièrement étroite et devait annihiler tout ressort, toute volonté, tout jugement chez la femme.

Dans le monde, l'éducation n'était pas meilleure, si nous nous en rapportons au tableau suivant :

« Ce qu'il y a de rare est qu'une femme qui

« peut danser avec bienséance que cinq ou six
« ans de sa vie, en emploie dix ou douze à
« apprendre continuellement ce qu'elle ne doit
« faire que cinq ou six ; et à cette même personne
« qui est obligée d'avoir du jugement jusqu'à la
« mort et de parler jusqu'à son dernier soupir,
« on ne lui apprend rien du tout qui puisse ni
« la faire parler plus agréablement ni la faire
« agir avec plus de conduite. »

Ces lignes si sages sont de Mlle de Scudéry.

Ce nom vous étonne, et certes on s'attend peu à rencontrer tant de bon sens chez l'auteur du *Grand Cyrus* et de la *Clélie* ; et cependant c'est Mlle de Scudéry qui, la première, s'élève contre le déplorable système d'éducation qui régnait alors. Sans doute elle ne fait que blâmer et critiquer ce qui existe, elle ne trace pas de plan d'études. Ce rôle sera plus tard celui de Fénelon dans cet admirable « *Avis à une dame de qualité sur l'éducation de sa fille.* »

Vers la même époque Mme de Maintenon, qu'il faut reconnaître un maître en fait de pédagogie, transformera la rigide austérité de Port-Royal en cette aimable création de Saint-Cyr : « Il faut égayer l'éducation des enfants. » Telle est sa règle, bien différente de celle de Sœur Sainte-Euphémie.

Mais la *Clélie* est imprimée dès *1656*, c'est-à-dire plus de trente années avant l'œuvre de Fénelon, une année avant le règlement de Port-Royal; et l'auteur ne faisait qu'y reproduire la thèse depuis longtemps soutenue chez la Marquise de Rambouillet.

Il est vrai qu'on va prendre le mot pour la chose, les termes scientifiques pour la science : *on s'embrassera pour l'amour du grec.* C'est le règne des Trissotin et des Vadius dans les salons de quatrième ordre qui singent le Salon bleu; et cette fois encore Molière aura beau jeu, comme il arrivera toujours lorsque le bon sens et la froide raison auront à fustiger les résultats ridicules des meilleures idées mal comprises et mal appliquées. Mais cette tentative d'émancipation intellectuelle de la femme n'en existe pas moins; et la gloire doit en remonter à Mlle de Scudéry et aux amis qui l'ont approuvée et soutenue.

Enfin les gens de lettres sont redevables à Madame de Rambouillet d'un inappréciable service.

Jusqu'alors les lettrés sans naissance n'avaient figuré à la cour et dans le monde qu'à titre de *domestiques* des rois et des grands. Situation précaire et peu enviable, bien que le mot *domestique* n'impliquât nullement alors l'idée d'une condition servile, puisque nombre de gentilshommes remplissaient ces mêmes fonctions chez les grands.

Pour la première fois, ils furent admis à l'hôtel de Rambouillet, à titre de *gens de lettres*, auprès des femmes de qualité, sur le pied d'égalité avec les hommes les plus distingués et les plus recommandables de la haute noblesse; pour la première fois, l'esprit donna rang dans le monde.

On n'a pas fait suffisamment honneur à Madame de Rambouillet de cette importante innovation.

Si la dignité de la profession des lettres commença de se fonder sous le règne de Richelieu, qui déploya tant de grâces et de courtoisie avec les écrivains, et qui, les honorant, leur apprit à s'honorer eux-mêmes par la dignité des mœurs, il est juste d'en partager le mérite entre le grand ministre et la noble femme qui avait pris l'initiative. Le Palais-Cardinal ne fit que suivre l'exemple donné par le Salon bleu de la rue Saint-Thomas du Louvre.

Si l'esprit donnait rang dans cette société

distinguée, nul autre, mieux que Voiture, n'avait le droit d'y prendre une des premières places.

Certes, notre aimable compatriote n'était pas de noble origine ! son père, homme de belle humeur et partisan de la bonne chère, (nous dit le père Daire), avait abandonné la province pour se fixer à Paris en qualité de marchand de vin en gros suivant la cour. Mais il avait été échevin à Amiens en 1593 et il y était fermier du vin, lorsque Vincent Voiture naquit le 24 février 1597, rue St-Germain, à l'enseigne du Chapeau de roses. Le père fit donner à son fils une solide instruction. Au collège de Beaucourt, où il remporta de brillants succès, Voiture eut le bonheur de rencontrer un condisciple de grande noblesse, à l'esprit ingénieux et ouvert autant que libéral, le Comte d'Avaux. Celui-ci sut apprécier Voiture qui lui dut sa fortune.

Ministre d'État, plénipotentiaire à Munster, d'Avaux entretenait une correspondance suivie avec son spirituel ami : puis, rentré à Paris, nommé intendant des finances, il fit Voiture son commis, sans l'astreindre à en remplir les fonctions, afin de lui laisser tout le loisir de cultiver les belles-lettres.

Notre compatriote fut bien vite en relation avec les hommes les plus distingués de la Cour et de la Ville. Chavigny, secrétaire d'État, les maréchaux de Schomberg et de Grammont l'honoraient de leur amitié. — Toutes les portes s'ouvraient devant lui. — Il fut présenté à l'hôtel de Rambouillet.

Le fils du marchand de vin en gros suivant la Cour conquit d'emblée la première place dans ce salon d'élite. Son intarissable bonne humeur, son esprit charmant toujours en éveil, prompt aux reparties, faisaient un heureux contraste avec l'ingéniosité majestueuse de Balzac — qui jusque là avait presque régné en maître à l'hôtel. On avait silencieusement admiré Balzac, on riait et on se détendait en écoutant Voiture.

Parmi ses comtemporains, il n'y a qu'une voix sur son compte; même les maîtres de la littérature du grand siècle, même ces écrivains que nous admirons le plus et qui nous séduisent par leur bon sens et leur simplicité pleine de charmes, paient à Voiture un tribut d'éloges.

La Fontaine le met au nombre de ses maîtres ; Mme de Sévigné l'appelle « un esprit, libre, badin, charmant » — « tant pis pour ceux qui ne l'entendent pas » écrit-elle encore. — Il n'est pas jusqu'à Boileau qui ne nous laisse entendre que Voiture est à ses yeux le mets des délicats.

Donc, alors que Corneille et Molière sont discutés après chacune de leurs œuvres immortelles, (avec quelle âpreté et par quels pamphlets !) Voiture, lui, est accepté, apprécié, loué par tous, sans une dissonance dans ce concert de flatteries.

Eh bien, malgré le désir tout naturel que nous aurions d'admirer, nous aussi, sans restriction, notre compatriote, il nous est bien difficile, aujourd'hui, à plus de deux cents ans de distance, de nous associer complètement à ces éloges.

« C'est que, comme le fait si bien remarquer
« M. Cousin, de toutes nos facultés, l'esprit est
« celle qui se se met le plus dans le commerce
« de la vie, mais qui laisse aussi le moins de trace.
« — Une saillie, une repartie ne se peuvent
« séparer de la manière dont elles sont dites. Les
« mots spirituels n'ont toute leur grâce que dans
« la bouche d'un homme d'esprit. Il n'en est pas
« ainsi des mots partis du cœur et des grandes
« pensées. Comme ils viennent du fond même de
« la nature humaine, qui ne change point, ils
« ont des perspectives infinies et durent autant

« que la raison. Mais l'esprit se joue à la sur-
« face, il brille et s'éteint en un moment. »

Si M. Cousin fait de telles réserves, que restera-t-il de Voiture sous la plume de critiques moins indulgents pour cette époque, si chère à l'auteur de « Madame de Longueville. »

A peine lui concèdera-t-on « qu'il avait de l'esprit, « et que de sa plume s'échappaient de gracieux et « agréables badinages. » — « Mais, comme tous « les écrivains qui n'ont ni idées, ni sentiments, et « qui remplacent cela par une forme prétentieuse, « Voiture appelle le *pastiche!* »

Le *pastiche*, c'est-à-dire l'imitation, la copie.

Mais c'est précisément pour cela, Messieurs, que, nous reportant à l'époque où Voiture écrivait, nous sommes convaincus de la très grande et très heureuse influence qu'il a eue sur notre littérature. Car il faut reconnaître avant tout dans Voiture le culte de la langue française. Y toucher, c'est s'attaquer à Voiture, à sa chose à lui; rien ne s'y fait sans sa permission. Mais aussi quel soin scrupuleux dans le choix de ses expressions ! Il sait qu'un mot, qu'une tournure de phrase employés par lui seront pour ainsi dire consacrés. Dès lors quel travail, quelle attention, que de temps passé pour chacune de ces lettres qui voudraient être écrites au courant de la plume!

Supposez Voiture consacrant ces formes nouvelles dans un traité didactique, faisant en prose, non pas un « Art poétique », mais quelque chose comme « *l'Art d'écrire en bon français* ».

Qui le lira? A qui ces leçons, si bonnes qu'elles soient, profiteront-elles?

Tout au contraire, c'est un épistolier ; il écrit à tout le monde, à la Marquise de Rambouillet, puis à sa fille, la charmante Julie, à Mademoiselle Paulet, la lionne de l'hôtel, à Madame Saintot, sa fidèle amie.

Il se complaît dans cette correspondance féminine qui lui permet de laisser toute carrière à sa galanterie. La galanterie, cette délicate fleur de l'Italie, acclimatée par la Marquise dans son hôtel, et que Voiture savait faire fleurir mieux que tout autre!

Il écrit aussi d'autres lettres, où vibrent parfois, mais trop rarement, des accents vraiment émus, à M. d'Avaux, son premier protecteur, au Maréchal de Schomberg, au Maréchal de Bassompierre, prisonnier à la Bastille.

Ses lettres passent de mains en mains ; elles sont lues, copiées, répandues dans la cour et dans la ville;

et, comme rien ne paraît plus facile que d'écrire une lettre, si peu de chose : deux pages ! une fois encore on suit la mode venue de si haut, on imite aussi bien qu'on peut, on fait du Voiture.

Etrange contrefaçon souvent ! l'original a dû être bien travesti dans les différentes copies qui l'ont fait courir des grands salons de bon ton aux petites coteries des *Précieuses ridicules,* travesti encore, lorsque, de Paris, on l'envoie aux amies de province, toute fière, qu'on est, de leur donner la dernière lettre de Monsieur de Voiture. Mais au moins, cette mode aura eu cela de bon, c'est qu'elle renvoie tous ces grands enfants sur les bancs de l'école ; on imite la lettre de Voiture, comme on ferait aujourd'hui un devoir de style.

Que dire aujourd'hui de ces lettres ? qu'elles nous paraissent froides avec toute leur fade hyperbole au lieu de vraie passion ; que nous avons peine à comprendre l'enthousiasme qu'elles excitaient.

La faute en est certainement, en grande partie, à cette recherche continuelle de la forme qui ne laissait pas Voiture écrire librement ; et puis, il faut bien l'avouer, si toutes choses ne sont pas bonnes à dire, il en est beaucoup qu'il est fort délicat d'écrire comme on les pense, surtout quand une lettre doit être lue par tous, et que les déclarations qu'elle renferme (et les lettres de Voiture en sont pleines) doivent ne faire ombrage à personne. Comment alors pouvoir y mettre un peu de cette chaleur du cœur qui fait tout le charme d'une lettre ?

Enfin, si cette correspondance nous semble terne, la faute en est surtout à l'excès de zèle du neveu et héritier de l'auteur qui nous l'a transmise.

Il aurait fallu, pour redonner un peu de vie à ces lettres, nous mettre presque dans les mêmes conditions que ceux qui les recevaient, nous initier, par un de ces commentaires qui rendent si précieuses les éditions modernes de nos grands écrivains, à l'existence de ces personnages, aux menus détails de la vie de chaque jour auxquels il est fait sans cesse allusion. Il fallait nous mettre au beau milieu des intrigues, des passions de toutes sortes et principalement des passions amoureuses qui remplissaient cette cour de la Marquise.

Au lieu de cela, Martin de Pinchesne, ce neveu modèle, répondant sans doute à l'attente générale, donnait une première édition des œuvres de son oncle en 1650. — Voiture était mort en 1648 ; ses cendres étaient à peine refroidies.

Certes, c'était bien vite élever un monument à la gloire d'un oncle vénéré — encensé dans vingt grandes pages, en petit texte, d'*Avis au Lecteur*. — Mais par contre les correspondantes de Voiture vivaient encore ; beaucoup étaient mariées, et certaines lettres adressées aux jeunes beautés de l'hôtel, même avec le peu de passion vraie qu'elles contiennent, n'eussent pas été du goût de tout le monde.

Aussi que de précautions, que de suppressions, que d'étoiles substituées aux noms qu'il serait intéressant de connaître ! Ce ne sont pas des lettres « à une inconnue » ou plutôt « à de nombreuses inconnues » car nous savons les noms des destinataires ; mais, hors cela, tout est ténèbres et obscurité dans cette volumineuse correspondance.

Ce malheureux Pinchesne, si scrupuleux déjà pour ne rien laisser passer qui pût paraître une indiscrétion, a cru bon de se faire aider dans son travail par Chapelain et Conrart, dont le *silence prudent* s'est sans doute exercé avec une énergie farouche sur les œuvres de son ami défunt.

Après de tels éditeurs, on comprend sans peine que ce n'est pas dans l'impression que nous causent aujourd'hui ces lettres, qu'il faut chercher les véritables titres qui doivent à jamais sauver de l'oubli le nom de Voiture.

Elles ont eu « un succès d'actualité » parfaitement justifié d'ailleurs à nos yeux par le service qu'elles rendaient à la langue.

Aussi bien notre compatriote eut souvent l'occasion d'écrire à ses amis. Il aimait les voyages et avait l'humeur un peu vagabonde; mais ses voyages ne furent pas tous volontaires et ce ne fut pas toujours de son plein gré qu'il resta longtemps éloigné du théâtre habituel de ses succès.

Un court abrégé de sa vie vous fera voir quelles étranges vicissitudes a subies Voiture.

Les protections qui l'avaient si bien accueilli dès son arrivée à Paris lui avaient valu quelques pensions et une charge d'introducteur des Ambassadeurs chez Gaston duc d'Orléans.

C'était chose bien dangereuse au moment de la toute-puissance du Grand Cardinal qu'une situation importante auprès du frère de Louis XIII ! Que d'amis de ce malheureux prince ont payé de leur liberté, quelques-uns de leur vie, les velléités de rébellion qui le mettaient en lutte avec Richelieu !

Voiture dut suivre la fortune de son maître et

partir avec lui lorsque, en 1634, fuyant le Cardinal et la Cour, il se retira d'abord à Orléans, puis en Lorraine, puis en Languedoc.

Tous les amis de Gaston avaient été déclarés, par un arrêt du Conseil, coupables du crime de lèze-majesté. Voiture, qui n'était jusque-là qu'englobé dans une disgrâce générale, allait devenir complice du crime de haute trahison.

Gaston cherchait à négocier avec le Duc d'Olivarès, sur qui reposaient alors les destinées de l'Espagne, pour obtenir de lui des secours contre le Roi de France. Voiture parlait avec une remarquable pureté la langue espagnole ; c'est ce qui le fit choisir par Gaston pour cette criminelle et délicate mission.

Dès lors commencent pour notre compatriote une série de longs mois d'exil.

D'abord Gaston, toujours hésitant, ne peut se décider ni à le rappeler, ni à pousser jusqu'au bout les négociations dont il l'avait chargé ; à son envoyé est obligé de rester longtemps et Madrid. — Il sait s'y créer de nombreuses amitiés et, parmi les plus précieuses, celle du fameux ministre, rival malheureux du génie de Richelieu. — Olivarès aimait et estimait Voiture, et celui-ci, grâce aux facilités qui lui furent données, put visiter le Midi de l'Espagne et aller jusque sur les côtes d'Afrique.

Quelle heureuse occasion de voir et d'apprendre pour un esprit curieux comme le sien que rien n'avait rebuté jusque-là !

Mais, hélas ! ces lointains voyages, si séduisants qu'ils soient, c'est toujours l'exil ! Aussi quelles prières instantes à tous dans les lettres qu'il écrit d'Espagne et d'Afrique ! il y a bientôt quinze mois qu'il a quitté la France ! Comme il recommande à tous ses amis, sachant les prendre chacun par son côté faible, d'intercéder pour lui !

Malheureusement il est la preuve vivante des négociations entamées avec l'Espagne ; et Gaston, qui cherche à rentrer en grâce auprès de la Cour, hésite à laisser revenir près de lui ce témoin compromettant.

Enfin le zèle de ses amis lui obtient ce rappel si longtemps attendu.

« Je croyais, écrit-il, que je ne pourrais jamais
« sortir de ce pays et il semblait que mon malheur
« eût bouché les ports de San-Lucar et de
« Lisbonne. »

Il quitte ce port de Lisbonne; un vaisseau anglais

le transporte à Douvres, d'où il va visiter Londres; puis de là il gagne Bruxelles où se trouve Gaston d'Orléans.

Bruxelles, c'est presque la France, c'est presque Paris. — Les lettres s'échangent plus rapidement, autour de lui c'est sa langue qu'il entend, Bruxelles c'est la dernière étape avant le retour.

En 1635 Gaston se réconcilie avec le Roi, moyennant quelques concessions et surtout en sacrifiant quelques amis, sacrifice devant lequel il ne reculait jamais.

Heureusement Voiture ne fut pas du nombre. Aussi bien le cardinal savait qu'il n'avait été que l'agent pour ainsi dire inconscient du maître qu'il servait; et, de plus, le grand ministre, protecteur éclairé des lettres et des écrivains, comprenait sans doute qu'il fallait ménager Voiture et, en l'épargnant, s'attirer sa reconnaissance et celle des gens de lettres ses amis.

Notre compatriote, après tant de déboires, put donc enfin, heureux et tranquille, se retrouver au milieu de cette Cour de l'esprit qui accueillait son retour avec joie.

De graves événements, où Gaston se trouva mêlé une fois encore, faillirent lui faire perdre ce doux repos où il se complaisait ; — et, comme notre Picardie et Amiens en sont le théâtre, il nous a paru intéressant de les rappeler ici.

En 1636, la France s'était trouvée dans une situation presque désespérée. Les Espagnols venaient de prendre Corbie ; ils menaçaient la capitale. Il avait fallu toute l'énergie de Richelieu pour sauver le pays, en faisant appel à la nation et en créant une armée de volontaires.

Se défiant du Comte de Soissons, il avait appelé, pour le mettre à la tête des troupes, Gaston qui, depuis quelque temps, faisait oublier ses dernières incartades. Mais, excité par les ambitieux que froissait l'autorité parfois despotique du premier ministre, le frère du Roi, pendant que l'armée assiégeait Corbie défendue par les Espagnols, se laissa mettre à la tête d'un nouveau complot fomenté par le Comte de Soissons, l'implacable ennemi du Cardinal.

Richelieu, souffrant, était ici, à Amiens, tandis que le Roi avait établi son quartier général au château de Démuin. — On devait assassiner le Cardinal au sortir du conseil que le Roi allait tenir chez Richelieu. — Le jour et l'heure furent pris. Déjà le Roi était reparti, le Cardinal était au bas de l'escalier entre les deux princes qu'il reconduisait et quatre de leurs complices. — Au moment de donner le signal le cœur faillit à Gaston ; il s'éloigna précipitamment, et les autres n'osèrent frapper sans son ordre.

L'assassinat manqué, on se rabattit sur des projets de révolte et de guerre civile. Sur divers points du territoire les grands seigneurs, ne rougissant pas de profiter des malheurs du pays, s'insurgèrent contre le Cardinal.

Gaston, se pensant compromis, courut se mettre en sûreté loin de Richelieu ; et cette fuite, qui était un aveu, allait rendre de nouveau bien précaire la situation de ses serviteurs et de ses amis.

Voiture se tira d'affaire en homme d'esprit. — Il avait pu juger Gaston et savait apprécier le Cardinal. — Le premier l'avait fait assez souffrir et il n'avait aucune raison d'être l'ennemi du second dont il admirait le génie ; il le lui fit bien connaître.

Il n'était pas homme à ignorer que ses lettres étaient lues, surtout quand un obligeant ami savait les présenter à propos, et il avait des amis dans tous les camps.

En dépit des obstacles qui lui avaient été suscités,

Richelieu venait de prendre Corbie, en Novembre 1636.

Voiture écrit à ce sujet, le mois suivant, une lettre dont je vous demande la permission de vous citer les principaux passages, car elle vous fera mieux comprendre que tout autre extrait de sa correspondance, quel était le style de Voiture et quelles nobles idées il savait exprimer.

« ..... Et si la guerre peut finir.... étant si sage
« qu'il est, il a connu après tant d'expériences ce qui
« est le meilleur et il tournera ses desseins à rendre
« cet état le plus florissant de tous après l'avoir
« rendu le plus redoutable. Il s'avisera d'une sorte
« d'ambition, qui est plus belle que toutes les autres,
« et qui ne tombe dans l'esprit de personne, de se faire
« le meilleur et le plus aimé d'un royaume et
« non pas le plus grand et le plus craint.

« Il connaît que les nobles et les plus an-
« ciennes conquêtes sont celles des cœurs et des
« affections, que les lauriers sont des plantes
« infertiles qui ne donnent au plus que de l'ombre
« et qui ne valent pas les moissons et les fruits
« dont la paix est couronnée. Il voit qu'il n'y
« a pas tant de sujets de louange à étendre de
« cent lieues les bornes d'un royaume qu'à dimi-

« nuer un sou de la taille, et qu'il y a moins
« de grandeur et de véritable gloire à défaire
« cent mille hommes qu'à en mettre vingt millions
« à leur aise et en sûreté.

« Aussi ce grand esprit, qui n'a été occupé
« jusqu'à présent qu'à songer aux moyens de
« fournir aux frais de la guerre, à lever de l'argent
« et des hommes, à prendre des villes et à gagner
« des batailles, ne s'occupera désormais qu'à
« rétablir le repos, la richesse et l'abondance.

« Il ne se fera plus de nouveaux édits que pour
« régler le luxe et pour rétablir le commerce.
« Ces grands vaisseaux, qui avaient été faits pour
« porter nos armes au-delà du détroit, ne servi-
« ront qu'à conduire nos marchandises et à tenir
« la mer libre et nous n'aurons plus la guerre
« qu'avec les corsaires. Alors les ennemis de
« M. le Cardinal ne sauront plus que dire contre
« lui comme ils n'ont su que faire jusqu'à cette
« heure. Alors les bourgeois de Paris seront ses
« gardes, et il connaîtra combien il est plus doux
« d'entendre ses louanges dans la bouche du
« peuple que dans celle des poëtes. »

Cette lettre si éloignée de la basse flatterie du
courtisan, dans laquelle, auprès de l'éloge justifié

du ministre se trouvent l'appréciation grave et élevée de l'historien et les conseils austères du philosophe sut attirer à son auteur la protection de Richelieu. Sans avoir trahi la cause de Gaston d'Orléans, Voiture est désormais rangé parmi les familiers du Cardinal.

Aussi, loin d'être tenu à l'écart comme autrefois, c'est lui qui est chargé en 1638 d'aller à Florence pour notifier au Grand-Duc la naissance du fils de Louis XIII. De Florence il gagne Rome et il y veille aux intérêts de la maison de Rambouillet, compromis dans un procès important.

Le cardinal Barberini, un des savants les plus distingués de l'époque, l'accueille avec faveur ; l'Académie des Humoristes, si célèbre alors, lui confère le titre d'associé.

De retour en France, il ne quitte plus la Cour.

En Septembre 1640, il la suit à Amiens où, d'après le père Daire, « il eut l'agrément de se « trouver avec des dames qui parlaient picard « admirablement bien. »

Deux ans après, il accompagne le roi et son ministre à Lyon, Avignon, Narbonne et Nîmes.

Mais Richelieu et Louis XIII meurent, Mazarin arrive au pouvoir et Voiture est l'objet des faveurs du nouveau ministre qui le connaissait depuis longtemps.

Nous sommes en 1643 ; peu d'années nous séparent de la mort de Voiture, qui ne va plus guère s'éloigner de Paris.

Il y est retenu par une nouvelle charge qui vient de lui être conférée. Il est interprète des ambassadeurs chez la Reine.

Il y est retenu surtout par sa santé qui n'avait jamais été forte, et que les voyages, et, il faut bien l'avouer, certains excès de cette nature aimable et passionnée avaient profondément altérée.

Il est plus assidu que jamais à l'hôtel de Rambouillet, où il est encore fêté, bien que son humeur se ressente parfois de ses souffrances.

Il sent bien, hélas! que les temps sont changés; il vit un peu sur le passé; ses madrigaux et ses galanteries ne remportent plus que des succès d'estime; et lui, qui si souvent avait franchi d'un bond toutes les étapes marquées sur cette fameuse carte du Tendre, il est forcé de s'arrêter aux villages de Petits-Soins et de Fidèle-Amitié, sans espoir d'aller plus loin!

Il est devenu le « *père Vincent* » ; c'est ainsi que tous ses amis, jeunes et vieux, belles dames et grands seigneurs le désignent désormais.

Le temps est loin où la cour et la ville se partageaient en deux camps, les Jobelins et les Uraniens défendant, les uns le sonnet de Job, écrit par Benserade, et les autres le sonnet d'Uranie, dû à la plume de Voiture. Toutes les dames étaient alors avec lui et combattaient le bon combat en faveur de leur chevalier préféré.

Nous aurions quelque peine à nous prononcer aujourd'hui dans une si grave question ; ou plutôt nous serions bien capables de déclarer ces deux chefs-d'œuvre aussi mauvais l'un que l'autre, gâtés que nous sommes par le sonnet d'Arvers ou « *le Vase brisé* ».

Aussi bien, pour vous faire juger des poésies de Voiture, le choix est fort délicat ; et si certaines pièces du grand Corneille lui-même ne peuvent être entendues par toutes les oreilles, combien doit-il être difficile d'en trouver une, dans Voiture, qui présente quelque intérêt, tout en restant dans une note discrète.

Il en est une pourtant qui s'adresse à Anne d'Autriche ; c'est presque un document historique. Elle nous est transmise par Madame de Motteville, à laquelle je laisse le soin de nous dire dans quelles conditions elle fut écrite ; je cite ses mémoires :

« Pendant le séjour de la Reine à Ruel (1644),
« un jour qu'elle se promenait dans les allées du
« jardin, elle remarqua que Voiture rêvait en se
« promenant. Cet homme avait de l'esprit, et par
« l'agrément de sa conversation, il était le divertis-
« sement des belles ruelles des dames qui font
« profession de recevoir bonne compagnie. La Reine
« lui demanda à quoi il pensait.

« Alors, Voiture, sans beaucoup songer, fit
« des vers burlesques pour répondre à la Reine,
« qui étaient plaisants et hardis. Elle ne s'offensa
« point de cette raillerie; elle les a trouvés si
« jolis, qu'elle les a tenus longtemps dans son
« cabinet.

« Elle m'a fait l'honneur de me les donner depuis,
« et, par les choses que j'ai dites de sa vie, il est
« aisé de les entendre ; ils étaient tels :

>	Je pensais que la destinée,
>	Après tant d'injustes malheurs,
>	Vous a justement couronnée
>	De gloire, d'éclat et d'honneurs.
>	Mais que vous étiez plus heureuse
>	Lorsque vous étiez autrefois
>	Je ne veux pas dire.... amoureuse,
>	La rime le veut toutefois.

Je pensais que ce pauvre amour,
Qui toujours vous prêta ses armes,
Est banni loin de votre cour
Sans ses traits, son arc et ses charmes ;
Et ce que je puis profiter
En passant près de vous ma vie,
Si vous pouvez si mal traiter
Ceux qui vous ont si bien servie.

Je pensais (nous autres poëtes
Nous pensons extravagamment),
Ce que, dans l'humeur où vous êtes,
Vous feriez, si dans ce moment,
Vous avisiez en cette place
Venir le duc de Buckingham ;
Et lequel serait en disgrâce
De lui — ou du Père Vincent ?

Je m'arrête, Messieurs, après avoir trop longtemps abusé de votre bienveillante attention.

En 1648, la fille aînée de Madame de Rambouillet, Julie d'Angennes, qui avait si souvent inspiré notre poëte, se mariait avec M. de Montausier et quittait Paris ; c'était l'astre de l'hôtel qui disparaissait, c'était le commencement de la décadence.

Cette même année la mort enlevait, jeune encore, l'homme d'esprit, l'épistolier remarquable que nous avons essayé de faire revivre quelques instants devant vous.

Voiture mourut à Paris, rue Saint-Thomas du Louvre, le 27 mai 1648 ; il avait à peine cinquante ans.

Il n'entre certes pas dans notre pensée de placer notre compatriote sur le même rang que les grands écrivains qui ont immortalisé le XVIIe siècle. Mais il nous semble qu'on peut, sans être accusé de partialité, revendiquer pour l'hôtel de Rambouillet et pour Voiture, qui en est comme la personnification, une part prépondérante dans la formation de la langue des Bossuet, des Sévigné, des Voltaire ; et à ce titre, Messieurs, Amiens peut à bon droit être fier d'un de ses plus illustres enfants.

22881. — AMIENS, IMP. T. JEUNET.

www.ingramcontent.com/pod-product-compliance
Lightning Source LLC
Chambersburg PA
CBHW060938050426
42453CB00009B/1062